BEI GRIN MACHT SICH IHR
WISSEN BEZAHLT

- Wir veröffentlichen Ihre Hausarbeit,
  Bachelor- und Masterarbeit

- Ihr eigenes eBook und Buch -
  weltweit in allen wichtigen Shops

- Verdienen Sie an jedem Verkauf

Jetzt bei www.GRIN.com hochladen
und kostenlos publizieren

Torsten Mierdorf

Auswirkungen von E-Business und E-Logistik auf die Industrie und Logistikbranche

GRIN Verlag

Bibliografische Information der Deutschen Nationalbibliothek:

Die Deutsche Bibliothek verzeichnet diese Publikation in der Deutschen National-
bibliografie; detaillierte bibliografische Daten sind im Internet über http://dnb.d-
nb.de/ abrufbar.

Impressum:

Copyright © 2008 GRIN Verlag GmbH
Druck und Bindung: Books on Demand GmbH, Norderstedt Germany
ISBN: 978-3-640-81402-2

Dieses Buch bei GRIN:

http://www.grin.com/de/e-book/91505/auswirkungen-von-e-business-und-e-logistik-
auf-die-industrie-und-logistikbranche

Hausarbeit

Auswirkungen von E-Business und E-Logistik auf die Industrie und Logistikbranche

Wintersemester 2007/08

Fachbereich 3 Wirtschaft & Recht der Fachhochschule Frankfurt am Main

Studiengang: Informationssysteme der Logistik

vorgelegt von:

Torsten Mierdorf

Abgabe: Frankfurt, den 26. März 2008

Inhaltsverzeichnis

Abbildungsverzeichnis

Abkürzungsverzeichnis

Abb.	Abbildung
B2B	Business to Business
B2C	Business to Consumer
bzw.	beziehungsweise
CRM	Costumer Relationship Management
d.h.	das heißt
E-Business	Electronic Business
E-Booking	Electronic Booking
ECM	Enterprise Content Management
E-Commerce	Electronic Commerce
E-Consulting	Electronic Consulting
E-Cooperation	Electronic Cooperation
EDI	Electronic Data Interchange
E-Distribution	Electronic Distribution
E-Information	Electronic Information
E-Learning	Electronic Learning
E-Logistics	Electronic Logistics
E-Logistik	Elektronische Logistik
E-Marketplace	Electronic Marktplace
E- Massaging	Electronic Massaging
E-Procurement	Electronic Procurement
E-Selling	Electronic Selling
E-Shopping	Electronic Shopping
e.V.	eingetragener Verein
IAO	Institut für Arbeitswirtschaft und Organisation
IKT	Informations- und Kommunikationstechnologien
IT	Informationstechnologie
LKW	Lastkraftwagen
S.	Seite
SCM	Supply Chain Management
vgl.	vergleiche
z.B.	zum Beispiel
ZEW	Zentrum für Europäische Wirtschaftsforschung

1   Einleitung

Mit zunehmender Globalisierung des wirtschaftlichen Geschehens hat sich das Internet immer mehr zu einem globalem Marktplatz für Güter und Dienstleistungen entwickelt. Allein in Deutschland nutzen über die Hälfte aller Deutschen regelmäßig das Internet nach neusten Erkenntnissen der ARD/ZDF-Online-Studie 2007.[1] Dadurch hat sich der Wettbewerbsdruck auf den Weltmärkten stark verändert. Unternehmen sind gezwungen mit enormer Geschwindigkeit immer neue Güter, Dienstleistungen und Informationen anzubieten, um am Markt wettbewerbsfähig zu bleiben. Dabei ist der Erfolg von Unternehmen davon abhängig, wie gut die einzelnen Elemente der Wertschöpfungskette aufeinander abgestimmt sind. Immer kürzere Produktlebenszyklen, permanente Innovationen und die zunehmende Liberalisierung des Welthandels bei gleichzeitigen steigenden Kosten kennzeichnen den Markt. Um in diesem Wettbewerbsumfeld erfolgreich zu sein, ist die prompte Erfüllung der Kundenwünsche ebenso wichtig wie die hohe Qualität der Produkte und konkurrenzfähige Preise. Um diesem Wettbewerbsumfeld gerecht zu werden gewinnt E-Business und E-Logistik immer mehr an Bedeutung für Unternehmen.[2]

Ziel dieser Hausarbeit ist es aufzuzeigen, welche Bedeutung E-Business und E-Logistik in der Industrie und Logistikbranche haben. Dabei beschränkt sich diese Hausarbeit nur auf den deutschen Markt bzw. Wirtschaft. Zuerst wird auf die Entwicklung der Internetwirtschaft eingegangen. Danach folgt das Thema E-Business mit seiner Begriffsdefinition. Darüber hinaus werden Bedeutung, Auswirkung und Ziele von E-Business in der deutschen Wirtschaft behandelt. Im nächsten Schritt folgt dann das Thema E-Logistik wobei hier neben der Begriffsdefinition noch die Bedeutung von E-Logistik für den Unternehmenserfolg, sowie deren Anforderungen an die Logistikbranche behandelt werden. Des Weiteren wird dann auf die Entwicklung der Transport- und Logistikbrache in Deutschland eingegangen.

---

[1] Vgl. http://www.daserste.de/service/studie.asp (01.03.2008)
[2] Vgl. Baumgarten, Logistik im E-Zeitalter, Frankfurt am Main 2001, S.177ff

2 Entwicklung der Internetwirtschaft

Mit der rasanten Verbreitung von Informations- und Kommunikations-technologien (IKT) gehört das Internet mittlerweile zum Geschäftsalltag in Unternehmen. Fast alle Unternehmen, d.h. 98 Prozent in Deutschland, haben einen Zugang zum Internet. Immer mehr Unternehmen wickeln einen Großteil ihrer Bestellungen und ihres Vertriebs über das Internet ab. Zudem haben mittlerweile mehr als die Hälfte der Beschäftigten einen Internet-zugang am Arbeitsplatz. Dabei werden Systeme zum Datenaustausch, die nicht auf der Internettechnologie basieren, weniger benutzt. 78 Prozent der Unternehmen bestellen Produkte oder Dienstleistungen bei Zulieferern über das Internet. Auch der Vertrieb über das Internet hat an Bedeutung zugenommen. Über die Hälfte aller Unternehmen vertreiben Produkte oder Dienstleistungen über das Internet im Business to Business (B2B)- oder im Business to Consumer (B2C) Bereich. Dabei überwiegt der elektronische Handel im B2B-Bereich mit 45 Prozent im Gegensatz zum B2C-Bereich mit 30 Prozent. Diese und weitere Ergebnisse gehen aus einer Unternehmens-befragung zur Nutzung von Informations- und Kommunikationstechnologien (IKT) hervor, die das Zentrum für Europäische Wirtschafforschung (ZEW) mit Unterstützung der Landesstiftung Baden-Württemberg 2007 durchgeführt hat. Dabei wurden 4300 Unternehmen in Deutschland befragt. In der nun folgenden Abbildung 1 werden die Auswirkungen von Informations- und Kommunikationstechnologien (IKT) noch mal aufgezeigt.

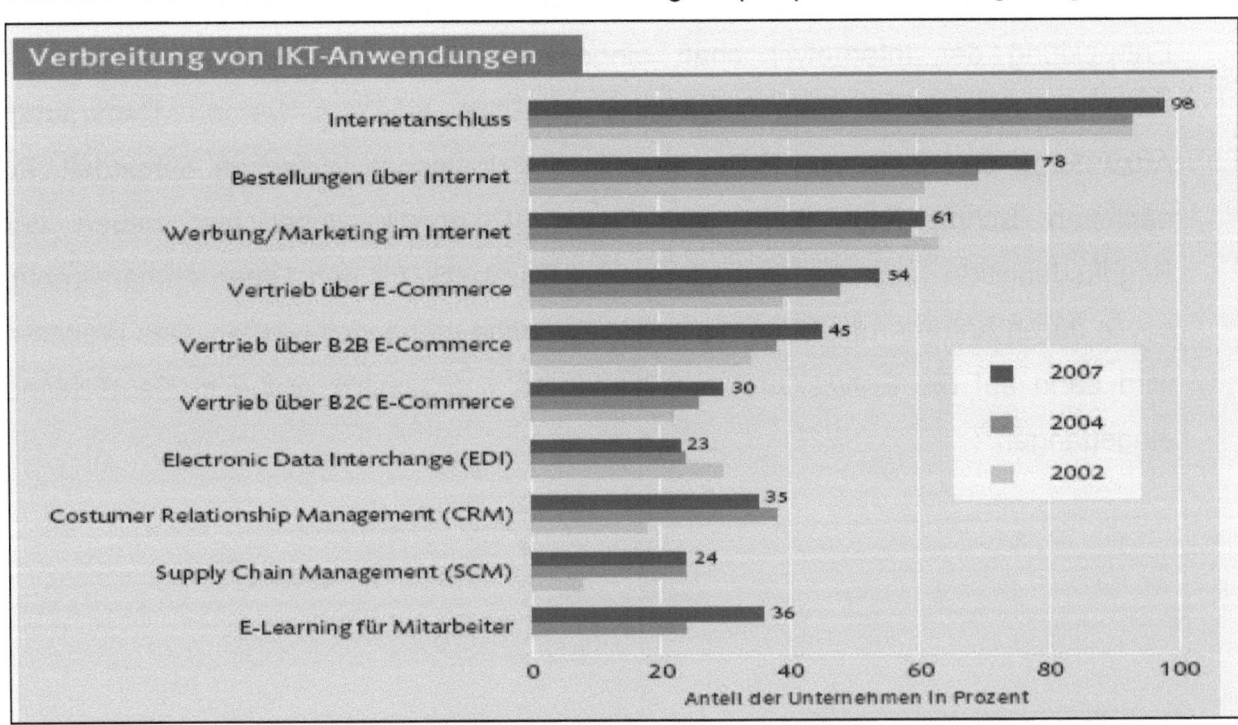

6

Abb.1: Verbreitung von IKT-Anwendungen, Quelle: ZEW IKT-Umfrage 2007[3]
Abbildung 1

Wie in Abbildung 1 zu sehen ist hat sich der Trend zum Internet Business im Bezug auf die Ausbreitung der IKT von Jahr zu Jahr gesteigert, was darauf schließen lässt, das dieser Trend in den kommenden Jahren noch weiter ansteigen wird.

3 E-Business

In der heutigen Zeit kennt fast jeder den Begriff E-Business (Electronic Business), aber fast niemand weiß genau was er eigentlich bedeutet. Das liegt daran, dass keine allgemein gültige Definition des Begriffs existiert und das die Begriffe E-Business und E-Commerce (Electronic Commerce) oft synonym verwendet werden. Es kann aber gesagt werden, dass E-Commerce ein wesentlicher Bestandteil von E-Business darstellt. In diesem Zusammenhang ist E-Business als Oberbegriff für E-Commerce anzusehen.[4] Diese Unterscheidung wird in der nachfolgenden Abbildung 2 nochmal verdeutlicht.

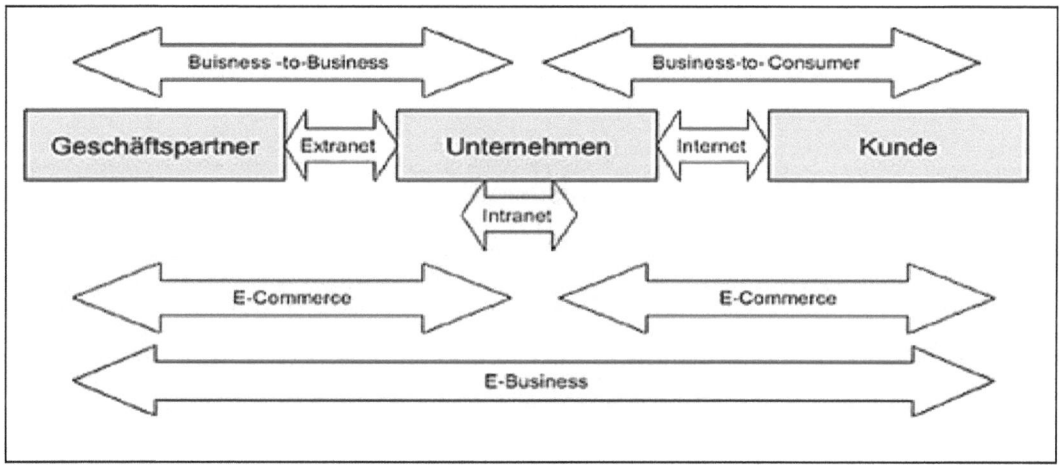

Abbildung 2: E-Commerce und E-Business, Quelle: Stähler 2001[5]

In der Fachliteratur existieren unzählige Begriffsdefinitionen von E-Business, die es schwer machen diesen Begriff einzuordnen. In dieser Arbeit wird sich auf die Definition von Wirtz beschränkt, die am häufigsten in der Fachliteratur auftaucht und wie folgt lautet: „Unter dem Begriff Electronic Business wird die Anbahnung sowie die teilweise respektive vollständige Unterstützung, Abwicklung und Aufrechterhaltung von Leistungsaustauschprozessen mittels elektronischer Netze verstanden".[6] Zu den Teilnehmern des E-Business zählen Unternehmen (Business), Konsumenten

---

[3] Vgl. ftp://ftp.zew.de/pub/zew-docs/div/IKTRep/IKT_Report_2007.pdf (04.03.2008)
[4] Vgl. Stähler, Geschäftsmodelle in der digitalen Ökonomie, Lohmar 2001, S.53ff
[5] Vgl. Stähler, Geschäftsmodelle in der digitalen Ökonomie, Lohmar 2001, S.54
[6] Vgl. Wirtz, Electronic Business, 2. Auflage, Wiesbaden 2001, S.34

(Consumer) und öffentliche Institutionen (Administration). Diese Teilnehmer treten in Interaktion und bilden die Interaktionsmustermatrix des Electronic Business. In der folgenden Abbildung 3 werden die verschiedenen Interaktionen der verschiedenen Teilnehmer aufgezeigt.

	Consumer	Consumer to Administration	Consumer to Business	Consumer to Consumer
Anbieter der Leistung	Business	Business to Administration	Business to Business	Business to Consumer
	Administration	Administration to Administration	Administration to Business	Administration to Consumer
		Administration	**Business**	**Consumer**
		Nachfrager der Leistung		

Abb. 3: Interaktionsmustermatrix des E-Business, Quelle: In Anlehnung an Hermanns/ Sauter 1999
Abbildung 3
[7]

Zu den zwei wichtigsten Bereichen des E-Business gehören Business-to-Business (B2B) und Business-to-Consumer (B2C), da hier die höchsten Umsätze generiert werden. Beim B2B handelt es sich um die elektronische Geschäftsabwicklung zwischen verschiedenen Unternehmen, in erster Linie zwischen Zulieferern, Herstellern und dem Handel – aber auch innerhalb des eigenen Unternehmens. Dabei betreffen die Einsatzbereiche alle Wertschöpfungsstufen, sowie interne und externe Geschäftsprozesse Ein Beispiel für B2B könnte eine Bestellung eines Unternehmens bei einem Zulieferer per EDI (Electronic Data Interchange) sein. Beim B2C steht der Handel zwischen Unternehmen und Privatpersonen im Vordergrund. Das wohl bekannteste Geschäftsmodell im B2C ist der Handel über sogenannte Online-Shops. Hier werden zahlreiche Konsumgüter über das Internet vertrieben. Als Beispiel für B2C könnte eine Bestellung eines Kunden in einer Internet Shopping Mall sein. Die Abwicklung von Geschäftsprozessen in elektronischer Form erfolgt über verschiedene Internettechnologien. Vorrausetzung ist also das Vorhandsein von Informationstechnologien. Als Basistechnologie dienen vor allem die Enterprise

---

[7] Vgl. Hermanns/Sauter, Management-Handbuch Electronic Commerce, München 1999, S.23

Application Integration (EAI), Electronic Data Interchange (EDI) und das Enterprise Content Management (ECM). Diese ermöglichen die Integration von Geschäftsprozessen zwischen verschiedenen Unternehmen sowie von Unternehmen zu Konsumenten.[8] Zu den Teilbereichen des E-Business gehören unter anderem E-Shopping, E-Selling, E-Procurement, E-Cooperation, E-Information, E-Messaging, E-Consulting, E-Booking, E-Distribution und E-Marketplace. Dabei ist einer der wichtigsten Teilbereiche bzw. Plattformen das E-Procurement für Unternehmen, da hier die größten Umsatz- und Einsparungspotenziale entstehen. Beim E-Procurement geht es um die Elektronische Beschaffung, d.h. die Steuerung und Abwicklung des Beschaffungsprozesses in und zwischen Unternehmen über das Internet, von der Bedarfserkennung bis zur Zahlung, auf IT-Basis (Intranet, Extranet, Internet) mit der Anbindung von Katalogen und Marktplätzen, sowie mit integrierter Abwicklung im System. Viele große Unternehmen sind dazu übergegangen, Teile ihres Beschaffungsbedarfs über Einkaufsauktionen im Internet abzudecken. Diese werden von Unternehmen organisiert, die ihre Webseite als Handelsplatz anbieten. Dort gibt der Käufer sein Beschaffungsobjekt durch Ausschreibung bekannt, und interessierte Verkäufer können dort in einer festgelegten Frist ihre Angebote abgeben. So kann der Käufer den günstigsten Anbieter auswählen. Durch die Nutzung von E-Procurement können somit 60-90% Transaktionskosten, 10-30% Material-kosten und 10-15% Abwicklungskosten im Supply Chain eingespart werden.[9]

3.1 Bedeutung von E-Business in Industrie- und Dienstleistungs-unternehmen

Die Entwicklung und Ausbreitung von Internettechnologien in der heutigen Informationsgesellschaft beeinflusst Wirtschaftssubjekte und deren Beziehungen in erheblichem Maße. Dadurch stehen die meisten Unternehmen unter sehr hohen Erfolgsdruck. Schlagwörter wie Globalisierung, neue Technologien, wandelnde Kundenanforderungen veranlassen viele Unternehmen sich Gedanken über E-Business zu machen. Dadurch ist die Bedeutung von E-Business in den letzten Jahren stark angestiegen. Im Rahmen der Studie eBusiness Barometer 2007/2008, die von der Wegweiser GmbH in Berlin gemeinsam mit dem Fraunhofer Institut für Arbeitswirtschaft und Organisation (IAO) durchgeführt worden ist, wurden in

---

[8] Vgl. Lichtenau, E-Business und Geschäftsbeziehungen, Wiesbaden 2005, S.16ff
[9] Vgl. Wannenwetsch, E-Logistik und E-Business, Stuttgart 2002, S.7ff

9

Deutschland 7500 Industrie- und Dienstleistungsunternehmen in unterschiedlichen Größen und Branchen zum Thema E-Business schriftlich befragt. Dabei stellte sich heraus, dass E-Business immer mehr zum Alltagsgeschäft gehört. Allein im Jahr 2007 gaben mehr als die Hälfte, d.h. 57% der Unternehmen an, dass E-Business für sie eine hohe bis sehr hohe Bedeutung hat. Es wird davon ausgegangen das im Jahr 2010 die Bedeutung von E-Business in Unternehmen auf 80% ansteigen wird. Die nachfolgende Abbildung 4 zeigt die Entwicklung bzw. die Bedeutung von E-Business im eigenen Unternehmen.

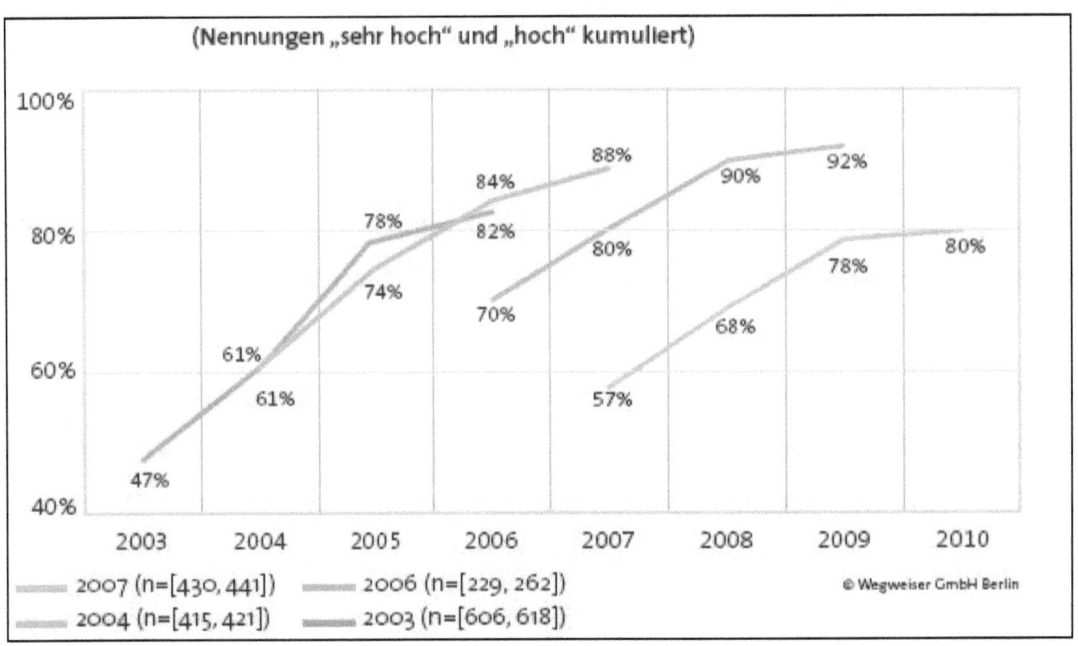

Abbildung 4
Bedeutung von eBusiness im eigenen Unternehmen,
Quelle: Wegweiser – Jahrbuch der deutschen Wirtschaft, Studie eBusiness Barometer 2007/2008, S.19 [10]

Die Ausgangswerte in 2007 im Vergleich zu den Vorjahresuntersuchungen haben erstmalig ein geringeres Ausgangsniveau zu verzeichnen. Das liegt daran, dass sich E-Business-Lösungen in vielen Firmen bereits im unternehmerischen Alltag etabliert haben. Außerdem muss die Einschätzung der Bedeutung im Vergleich zu den Vorjahren im Bezug der aktuellen konjunkturellen Lage in Deutschland berücksichtigt werden. Demnach kann gesagt werden, dass die Bedeutung von E-Business in Deutschland stetig zunimmt. Die Unternehmen in Deutschland werden ihre Investitionen im elektronischen Geschäftsverkehr in den laufenden Jahren spürbar erhöhen. Mehr als ein Drittel der Unternehmen will dafür die entsprechenden Ausgaben aufstocken. Darüber hinaus stellen ein Drittel der Unternehmen

---

[10] Vgl. http://catalog.wegweiser.de/de/catalog/list/category/yearbook/id/413/display/download (05.03.2008)

zusätzliche IT-Mitarbeiter ein.[11]

3.2 Auswirkung von E-Business in Deutschland

Nach einer Studie von Bitkom boomt der elektronische Handel in Deutschland. Allein im Jahr 2006 kauften private Konsumenten per Internet Waren und Dienstleistungen im Wert von 46 Milliarden Euro. Im Vergleich zum Vorjahr wurde somit ein Plus von 44 Prozent erreicht. Bis zum Jahr 2010 soll der Umsatz auf 145 Milliarden Euro ansteigen. Doch der größte Teil des elektronischen Handels entfällt mit fast 90 Prozent auf den B2B Bereich. Hier wurde im Jahr 2006 ein Umsatz von 392 Milliarden Euro erwirtschaftet und stieg damit auf 36 Prozent an. Für das Jahr 2010 sollen Umsätze von bis zu 636 Milliarden Euro erreicht werden.[12]

3.3 Ziele im E-Business

Einer der wichtigsten Zielsetzungen im E-Business ist die Realisierung von Rationalisierungspotenzialen im Bezug auf unternehmensübergreifender Geschäftsprozesse. Dies bedeutet aus technischer Sicht eine Realisierung medienbruchfreier (Echtzeit-) Informationsflüsse zwischen Informations-systemen, aus Sicht von Geschäftsprozessen die Reduzierung von Transaktionskosten und aus strategischer Sicht eine Verbesserung der Wettbewerbsposition durch differenzierte logistische Dienstleistungen.[13] Nach einer Studie von Cap Gemini Ernst & Young 2001, wurden 310 Führungskräfte deutscher Unternehmen nach ihren Zielen im E-Business befragt. Dabei wurde als Hauptziel im E-Business die Beschleunigung der Geschäftsprozesse genannt. Weitere Ziele waren unter anderem:

- Steigerung der Attraktivität des Unternehmens als Arbeitgeber
- Verbesserung der individuellen Kundenansprache
- Erhöhung der Anpassungsgeschwindigkeit und -flexibilität an Markt-
  Veränderungen
- Verbesserte Kommunikation der Leistungsvorteile
- Erhöhung der Unternehmensreputation
- Kostensenkung und Rationalisierung

---

[11] Vgl. http://catalog.wegweiser.de/de/catalog/list/category/yearbook/id/413/display/download (05.03.2008)
[12] Vgl. http://www.bitkom.org/de/presse/30739_43665.aspx (06.03.2008)
[13] Vgl. Pagé/Ehring, Electronic Business und New Economy, Berlin 2001 S.31ff

11

- Ausbau von Marktanteilen
- Gewinnung neuer Kunden
- Erhöhte Offenheit und Kompatibilität
- Erschließung neuer Geschäftsfelder
- Verbesserung der Re-Usability und Migrationsfähigkeit

Alle diese Ziele führen insgesamt zu einer höheren Durchschlagskraft im Markt ab, sowie auf eine Steigerung der Produktivität im Unternehmen.[14]

4 E-Logistik

E-Logistik wird in der heutigen Fachliteratur oft auch mit der englischen Bezeichnung eLogistic oder E-Logistics benannt. Demzufolge lässt sich E-Logistik wie folgt erklären. „E-Logistics beinhaltet die strategische Planung und Entwicklung aller für die elektronische Geschäftsabwicklung erforderlichen Logistiksysteme und – prozesse, sowie deren administrative und operative Ausgestaltung für die physische Abwicklung. Sie leistet damit die schnelle, effiziente, flexible und in ihrer Leistungsfähigkeit stabile End-to-End-Realisierung aller logistischen Prozesse, die nach der Online-Bestellung einsetzen und bei der Auslieferung der Waren enden, entsprechend den individuellen Bedürfnissen sowohl von Privat- als auch von Firmenkunden".[15]

Dabei wird die ganze Supply-Chain auf die Anforderungen des E-Business ausgerichtet. Voraussetzung für E-Logistik ist die Nutzung der modernen Informations- und Kommunikationstechnologie, um damit webbasierte Anwendungen und Dienste zur Verfügung zu stellen, die im Gegensatz zur "klassischen" Logistik einen wesentlich reibungsloseren und schnelleren Material- und Warenfluss entlang der Supply- und Demand-Chain sicherstellen. E-Logistik hilft durch den Einsatz moderner IT-Technik, alle Prozesse möglichst effizient und transparent zu gestalten um auf dieser Weise eine Beschleunigung der Abläufe zu erreichen. Ein relativ neuer, wenngleich wichtiger Teil im E-Logistik ist das so genannte Transaction Broking. Hier werden elektronische Plattformen eingesetzt, die als Drehscheibe zur Koordination aller Bewegungsdaten dienen. Alle beteiligten Partner und Systeme greifen ohne Kompatibilitätsprobleme auf einen einheitlichen Datenbestand zu,

---

[14] Vgl. http://www.uni-trier.de/fileadmin/forschung/CEB/ceb_Start/projekte/E-Transformations studie/eTransformation.pdf (07.03.2008)
[15] Vgl. Baumgarten/Zadek, Netzwerksteuerung durch Fourth-Party-Logistics-Provider, Düsseldorf 2002, S.31

sodass Datenredundanzen (= mehrfach gleiche Daten) ausgeschlossen werden. Dies führt dazu, dass keine unnötigen Datenmengen entstehen und somit ein reibungsloserer Ablauf gewährleistet werden kann. Durch die Transparenz eines solchen E-Logistiksystems wird eine optimale Kundenbetreuung erreicht. Jeder Vorgang kann von der Bestellung bis zur Auslieferung problemlos nachvollzogen werden. Dem Kunden kann so jederzeit eine eindeutige Auskunft über seine bestellte Ware im Supply Chain gegeben werden. Damit wird ein Mehrwert geboten, der die Kaufentscheidung des Kunden positiv beeinflusst. E-Logistik dient somit als Planungskonzept für die Einrichtung eines E-Business Systems und gilt somit auch als Basis für den Erfolg von E-Commerce.[16] Ein weiterer wichtiger Teilbereich in der E-Logistik sind elektronische Handelsplattformen, um Kosten für Transportdienstleistungen einzusparen. Hier lassen mehrere Geschäftsmodelle unterscheiden:

- Reverse Markets: Versender platzieren eine „Request for Quote" (eine Nachfrage) auf der elektronischen Plattform. Transporteure können mit einem Angebot auf den Request antworten. Versender mit großem Fracht-volumina bevorzugen dieses Modell die bei anderen Marktformen kein kein adäquates Angebot finden.

- Auction Markets: Hier bieten die Transporteure ihre Kapazitäten an. Versender können mit einem Transportauftrag antworten. Dieses Modell wird genutzt, um Überkapazitäten zu verkaufen.

- Permanent Booking Markets: Über Handelsplattform werden Frachtraum-reservierungen bei Distributionsdienstleistern für bestimmte Relationen und Tage vorgenommen. So können Transportvolumenspitzen kostengünstig Abgefangen werden. Dieses Modell wird besonders im Luftfrachtbereich angewendet.

Es können bis zu 15% der Kosten für Transportdienstleistungen durch die Nutzung von elektronischen Marktplätzen eingespart werden.[17]

9

---

[16] Vgl. Reindl / Oberniedermaier, eLogistics – Logistiksysteme und – prozesse im Internet-zeitalter, München 2002, S.14ff
[17] Vgl. Noelke, Der Verkehrsfachwirt 2, Band 2, 2001 S. S125f

4.1 Bedeutung von E-Logistik für den Unternehmenserfolg

Die Bedeutung der Logistik für den Unternehmenserfolg ist über die letzen Jahrzehnte immer weiter angestiegen. Von einer Unternehmensfunktion, die stark auf physische Abläufe konzentriert war, hat sich die Logistik zu einem bedeutenden Managementkonzept gewandelt. Durch das Internetzeitalter haben sich die Rahmenbedingungen der Wettbewerbsfähigkeit im Markt grundlegend verändert. Die Wettbewerbsfähigkeit von Handels- und Produktionsunternehmen ist wesentlich von kundenorientierten und leistungsfähigen logistischen Prozessketten abhängig. In den letzten Jahren ist das Volumen der Geschäftstätigkeit im Internet sowohl im B2B- als auch im B2C-Bereich enorm angestiegen. Demzufolge bedeuten steigende Bestellungen über das Internet auch steigende Reaktionsgeschwindigkeit des Anbieters. Außerdem wird durch die verstärkte Ausrichtung am Kunden, bei einer Bestellung im Internet, eine zuverlässige Lieferung zum gewünschten Termin und die vollständige Transparenz des aktuellen Lieferstatus vorausgesetzt. Zunehmendes Sendevolumen bei geringeren Sendungsgrößen, hohe Belieferungsfrequenzen und die Notwendigkeit flächendeckender Distributionssysteme werden durch E-Logistik besser bewältigt. Unternehmen haben durch E-Logistik die Möglichkeit höher-wertigere (im Vergleich zu traditioneller Logistik) Logistikdiensteistungen anzubieten, um sich so im Markt zu differenzieren und wettbewerbsfähig zu bleiben.[18]

4.2 Anforderungen an die Logistikbranche durch E-Logistik

Die Anforderungen in der Logistikbranche haben sich durch E-Business und E-Logistik grundlegend verändert. Zurzeit wird in der Industrie und im Handel immer mehr Outsourcing betrieben, das bedeutet eine Aufgabe von Funktionen oder sogar Unternehmensbereiche werden an externe Logistikdienstleister abgegeben. Ein Grund dafür ist, das fixe Kosten des Unternehmens durch variable leistungsabhängige Kosten ersetzt werden können. Der Logistikdienstleister ist zunehmend für die gesamte Auftragsabwicklung verantwortlich, d.h. für das Bestellwesen, die Auftrags-verarbeitung, den Zahlungsverkehr, die Zustellung zum Endkunden sowie für die Kundenbetreuung vor, während und nach einer Transaktion. Dabei muss der Logistikdienstleister einerseits die Optimierung der kundenorientierten Supply Chain unterstützen und gleichzeitig die Auftragsabwicklung so koordinieren, dass Lieferzusagen eingehalten werden

---

[18] Vgl. Piontek, Bausteine des Logistikmanagements, 2. Auflage, Bremen 2007, S.118ff

können. Das führt dazu, dass der Logistikdienstleister immer mehr zum Partner der produzierenden Wirtschaft, des Handels und der Dienstleistungs-unternehmen werden. Mehr als die Hälfte aller Unternehmen erwarten durch den Einsatz von Logistikdienstleister eine drastische Verkürzung der Lieferzeiten sowie einen effizienten Ablauf ihrer Transportprozesse und eine Reduzierung des Transport- und Bestandskosten.[19] Zudem werden noch weitere Anforderungen an die Logistikbranche gestellt die in der folgenden Abbildung 5 zu sehen sind.

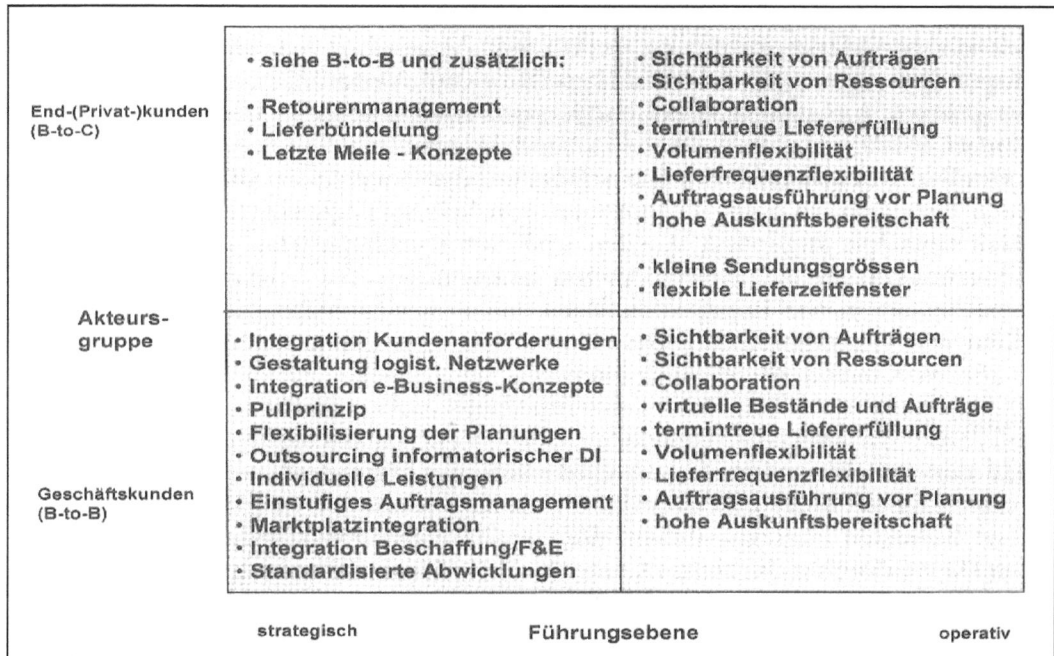

Abbildung 55: Veränderte Anforderungen an die Logistik im e-Business, Quelle: Straube 2004[20]

Um diesen Anforderungen entgegen zu kommen ist ein umfassendes Informations- und Kommunikationsnetzwerk zwischen Unternehmen, Logistikdienstleister und Endkunde notwendig. Dadurch ist es möglich einen reibungslosen und durchgängigen Informationsfluss ohne Medienbrüche zu gewährleisten. Zudem können auch alle Prozesse im gesamten Wertschöpfungsnetzwerk synchronisiert werden. Außerdem besteht durch das Internet und dem Einsatz von Supply Chain Management Systemen sowie die Verbindung von Odersystemen mit E-Procurement Konzepten als auch Back-End-Systemen die Möglichkeit den veränderten Anforderungen in der Logistikbranche gerecht zu werden.[21]

[19] Vgl. Baumgarten, Logistik im E-Zeitalter, Frankfurt am Main 2001, S.24ff
[20] Vgl. Straube, e-Logistik – Ganzheitliches Logistikmanagement, Berlin 2004, S.311
[21] Vgl. Lichtenau, E-Business und Geschäftsbeziehungen, Wiesbaden 2005, S.48ff

4.3 Entwicklung der Transport- und Logistikbrache in Deutschland

Im Logistikmarkt wurden in 2007 insgesamt 204 Milliarden Euro erwirtschaftet. Dabei ist der Markt für Transport und Logistik um 8 % gestiegen, das bedeutet einen Umsatzanstieg von 15 Milliarden Euro. Die Logistikbranche in Deutschland hat sich in den letzen Jahren stark entwickelt. Heute gehört die Logistikbranche zum drittgrößten Wirtschafts-bereich in Deutschland nach dem Handel und der Automobilindustrie. Wachstumstreiber sind die Globalisierung und das zunehmende Outsourcing sowie der E-Commerce.[22] In 2007 hat der Transport- und Logistikumsatz in Deutschland ein nominales Wachstum von ca. 5,5 % und damit ein Gesamtvolumen von über 85 Mrd. Euro erreicht. Davon wurden rund zwei Drittel der Gesamtumsätze von Logistikdienstleistern erbracht, etwa ein Drittel entfällt auf Transportunternehmen. Damit ist Deutschland der größte Logistikmarkt in Europa. Auch in 2008 wird die Logistikbranche mit etwa 5 % spürbar zulegen, bis 2011 ist ein weiteres Wachstum zu erwarten wie in Abbildung 6 zu sehen ist.

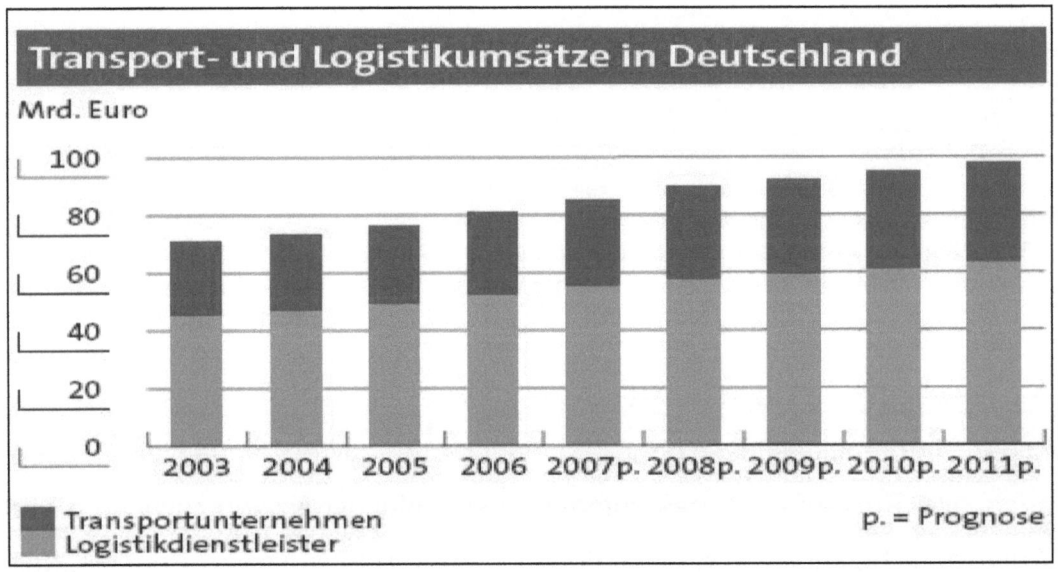

Abbildung 6Transport- und Logistikumsätze in Deutschland, Quelle: IKB Branchenbericht 2007[23]

Mehr als zwei Millionen Fahrzeuge – vom Mini LKW über Güterzug bis zum Schiff-sind in Deutschland jeden Tag für Transporte und Lieferungen unterwegs. Zu den größten deutschen Logistik Unternehmen gehören die Deutsche Post AG und die Schenker AG.[24] Auch das Sendevolumen der Kurier-, Express- und Paketbranche

---

[22] Vgl. http://www.logistik-inside.de/sixcms/detail.php?id=627660 (16.03.2008)

[23] Vgl. http://www2.ikb.de/content/de/branchen_und_maerkte/branchenanalysen/IKB_ Brber_Logistik.pdf (20.03.2008)

[24] Vgl. http://www.wiwi-treff.de/home/index.php?mainkatid=1&ukatid=1&sid=9&artikelid=

hat sich in den letzten Jahren stark erhöht. Mit einem Sendungsvolumen von 1.850 Mio. Sendungen in 2004 und 1.948 Mio. Sendungen in 2005 liegt die tatsächliche Marktentwicklung weiter über den bisher prognostizierten Werten. Das Sendevolumen soll bis zum Jahr 2010 noch weiter ansteigen. Diese Wachstumsdynamik des Marktes wird getragen von der Entwicklung der zunehmende Globalisierung, Erhöhung des Importanteils an der inländischen Produktion und damit stärkere Lieferverflechtungen mit dem Ausland und der ansteigenden Bedeutung des E-Commerce.[25]

5 5. Fazit

Das Internet bestimmt die Geschäfte der Zukunft. Durch die fortschreitende Globalisierung und der rasanten Verbreitung des Internets hat die Bedeutung von E-Business und E-Logistik in der Industrie und Logistikbrache stark zugenommen. Im zunehmenden Maße werden Einkauf, Kommunikation und Verkauf über das Netz abgewickelt. Das Volumen der Geschäftstätigkeit im Internet ist sowohl im B2B- als auch im B2C-Bereich enorm angestiegen. Dadurch hat sich der Wettbewerbsdruck auf den Weltmärkten stark verändert. Unternehmen sind gezwungen mit enormer Geschwindigkeit immer neue Güter, Dienstleistungen und Informationen anzubieten, um am Markt wettbewerbsfähig zu bleiben. Dabei ist der Unternehmenserfolg davon abhängig, wie gut die einzelnen Elemente der Wertschöpfungskette aufeinander abgestimmt sind. Um sich diesen Anforderungen zu stellen schafft E-Business und E-Logistik die Möglichkeiten, Märkte transparenter zu machen, Transaktionskosten zu senken, den Informationsfluss in der Wertschöpfungskette zu beschleunigen und vor allem Kundenwünsche individueller zu bedienen. Das bedeutet aber "E-Business braucht E-Logistics" um diese Möglichkeiten zu realisieren.[26] Durch steigende Geschäftstätigkeiten im Internet und der verstärkten Auslagerung von Unternehmensbereichen an externe Logistikdienstleister (Outsourcing) haben dazu geführt, dass die Abhängigkeit zwischen Industrie und Logistikbranche immer intensiver geworden ist. Das führt soweit, dass E-Business ohne die Logistikbrache gar nicht mehr möglich ist. Dabei stellt die elektronische Geschäftsabwicklung völlig neue Anforderungen an die

---

3588&pagenr=0 (17.03.2008)
[25] Vgl. http://www.biek.de/download/gutachten/biek_studie_2006.pdf (21.03.2008)
[26] Vgl. Baumgarten, Logistik im E-Zeitalter, Frankfurt am Main 2001, S.177ff

Industrie und Logistikbrache. Um in Zeitalter des Internets Wettbewerbsfähig zu bleiben ist ein umfassendes Informations- und Kommunikationsnetzwerk zwischen Unternehmen, Logistikdienstleister und Endkunde notwendig. Denn nur dadurch ist es möglich einen reibungslosen und durchgängigen Informationsfluss ohne Medienbrüche zu gewährleisten um somit alle Prozesse im gesamten Wertschöpfungsnetzwerk aufeinander abzu-stimmen.[27] E-Business und E-Logistik sind somit für die Industrie und Logistikbrache ein wichtiger Bestandteil für die Zukunft im Wirtschafts-geschehen.

---

[27] Vgl. Lichtenau, E-Business und Geschäftsbeziehungen, Wiesbaden 2005, S.48ff

Literaturverzeichnis

Baumgarten, Helmut (2001): Logistik im E-Zeitalter – Die Welt der globalen Logistiknetzwerke, Frankfurt am Main

Baumgarten, Helmut / Zadek, H. (2002): Netzwerksteuerung durch Fourth-Party-Logistics-Provider – Jahrbuch der Logistik, Düsseldorf

Hermanns, A. / Sauter, M. (1999): Management-Handbuch Electronic Commerce, München

Lichtenau, Torsten (2005): E-Business und Geschäftsbeziehungen – Auswirkungen im Business-to-Business-Bereich, Wiesbaden

Noelke, Rolf-Ernst (2001):   Der Verkehrsfachwirt 2 – Grundlagen und Neu-orientierung des Marketing für die Logistik-Branche durch E-und M-Commerce. Kompendium praxisrelevanter Grundlagen u. Wissens für   die Teilnehmer der Qualifizierungs- und Fortbildungslehrgänge `Verkehrs-fachwirt, Logistik-Manager` der IHK-Akademie, Band 2

Pagé, Peter / Thomas, Ehring (2001): Electronic Business und New Economy – Den Wandel zu vernetzten Geschäftsprozessen meistern, Berlin

Piontek, Jochen (2007): Bausteine des Logistikmanagements, 2. Auflage, Bremen

Reindl ,Martin / Oberniedermaier, Gerhard (2002): eLogistics – Logistiksysteme und – prozesse im Internetzeitalter, München

Stähler, Patrick (2001): Geschäftsmodelle in der digitalen Ökonomie – Merkmale, Strategien und Auswirkungen, Lohmar

Straube, Frank (2004): e-Logistik – Ganzheitliches Logistikmanagement, Berlin

Wirtz, Bernd W. (2001): Electronic Business, 2. Auflage, Wiesbaden

Wannenwetsch, Helmut (2002): E-Logistik und E-Business, Stuttgart

Internetseiten:

ARD/ZDF (2007): ARD/ZDF Onlinestudie 2007, URL: http://www.daserste. de/service/onlinestudie-2007-vorab.pdf(01.03.2008)

BIEK: Beschäftigungs- und Einkommenseffekte der Kurier-, Express- und Paketbranche – Entwicklung und Prognose – KEP-Studie 2006; URL: http:// www.biek.de/download/gutachten/biek_studie_2006.pdf (21.03.2008)

BITKOM: Der elektronische Handel boomt: (2007); URL: http://www.bitkom. org/de/presse/30739_43665.aspx (06.03.2008)

Cap Gemini Ernst & Young: e-Transformation-Studie – Hindernisse in der Umsetzung der e-Business-Ambitionen in Deutschland (2001); URL: http://www.uni-trier.de/fileadmin/forschung/CEB/ceb_Start/projekte/E-Transformati onsstudie/eTransformation.pdf (07.03.2008)

IKB Branchenbericht 2007: Transport und Logistik; URL: http://www2.ikb.de/content/de/branchen_und_maerkte/branchenanalysen/IKB_Brber_Logistik.pdf (20.03.2008)

Wegweiser: eBusiness Jahrbuch der deutschen Wirtschaft – Studie „eBusiness-Barometer 2007/2008; URL: http://catalog.wegweiser.de/de/cata log /list/category/yearbook/id/413/display/download (05.03.2008)

Logistik Inside Online: Logistikmarkt legt 2007 um acht Prozent zu; URL: http://www.logistik-inside.de/sixcms/detail.php?id=627660 (16.03.2008)

WiWi-TReFF: Hoppenstedt-Ranking 2007 der Logistik-Branche; URL: http://www.wiwi-treff.de/home/index.php?mainkatid=1&ukatid=1&sid=9&artikelid=3588&pagenr=0 (17.03.2008)

ZEW: IKT-Report Unternehmensbefragung zur Nutzung von Informations- und Kommunikationstechnologien; URL: ftp://ftp.zew.de/pub/zew-docs/div/IKTRep/IKT_Report_2007.pdf (04.03.2008)